$L_n^{27}.15782.$

ÉLOGE

DE

PARMENTIER.

IMPRIMERIE DE HOCQUET.

ÉLOGE

DE

PARMENTIER.

DISCOURS QUI A REMPORTÉ LE DOUBLE PRIX PROPOSÉ
PAR L'ACADÉMIE D'AMIENS, POUR L'ANNÉE 1819.

Par Antoine MIQUEL,

DOCTEUR EN MÉDECINE,
MEMBRE DE PLUSIEURS SOCIÉTÉS SAVANTES.

PARIS,

AU BUREAU DE LA *GAZETTE DE SANTÉ*,
RUE BERGÈRE, n. 19.

1823.

ÉLOGE

DE

PARMENTIER.

Il est une gloire éblouissante mais passagère, qui ne brille un moment aux regards des hommes que pour se dissiper bientôt en fumée, et disparaître dans un long oubli : il en est une autre, au contraire, d'autant plus durable qu'elle a paru d'abord avec moins d'éclat, d'autant plus solide qu'elle s'est formée d'une manière plus lente. La première est presque toujours l'œuvre de l'intrigue et l'apanage des dignités ou de la puissance ; la seconde est l'ouvrage du temps et la récompense du mérite ; aussi elle n'appartient qu'aux hommes dont les travaux, consacrés au perfectionnement des arts et à l'utilité des peuples, survivent à leurs auteurs et traversent le cours des siècles, sans rien craindre des révolutions des empires ni des caprices de l'esprit humain. Telle est la gloire désormais inséparable du nom d'Antoine Augustin PARMENTIER.

Peut-être ce nom paraîtra-t-il trop vulgaire à quelques esprits frivoles qui, séduits par l'éclat des vertus guerrières ou par les brillantes conceptions du génie, ne veulent offrir leur encens que sur l'autel de la Victoire ou dans le temple des Muses : ce n'est point à eux que nous adressons cet éloge; c'est aux amis, c'est aux bienfaiteurs de l'humanité qu'il appartient de juger un de leurs modèles, d'apprécier ses bienfaits et d'étendre encore sa gloire en perfectionnant ses travaux. Nous n'aurons donc pas besoin, pour louer un homme simple et modeste, de recourir aux artifices de l'éloquence ni aux subtilités des rhéteurs ; nous n'irons pas cueillir sur sa tombe de vains lauriers; quelques racines, quelques plantes alimentaires en sont l'unique ornement; et les sentimens de respect et d'humanité que leur vue fait naître seront aujourd'hui les seules inspirations d'une âme qui consacre ses premiers essais à la louange de la vertu.

De quelque côté que nous jettions les yeux, en parcourant la vie de Parmentier, nous le trouverons sans cesse occupé d'une même idée, celle de faire le bien; nous le verrons, toujours animé du désir d'être utile à ses semblables, tendre à ce noble but par tous les moyens que la nature, la science et l'autorité purent mettre à sa disposition; nous serons étonnés de sa constance dans les entreprises les plus difficiles ; et, à l'aspect des avantages immenses qui ont été le résultat de ses pénibles recherches, nous serons saisis et transportés d'admiration. Mais, que dis-je ? ce n'est point à ce sentiment stérile que nous devons nous borner : c'est un tribut de reconnaissance que ce grand homme exige de nous. Telle est la seule récompense à laquelle il osa prétendre ; et ce n'est que dans l'espoir de l'obtenir qu'il se livra sans réserve aux travaux dont nous recueillons aujourd'hui les fruits. Sa vie, remplie, tout entière, par des occupations plus solides que brillantes, ou par des fonctions plus utiles qu'honorifiques, nous offre un vaste champ à parcourir : d'un côté, les talens qu'il déploya dans le cours d'une longue administration lui méritèrent la reconnaissance de nos armées; de l'autre, les progrès qu'il fit faire à une science encore au berceau, les découvertes et les perfectionnemens les plus utiles, dans le plus utile des arts, lui acquirent les suffrages et l'estime de tous les savans. Soit qu'on l'observe au milieu du tumulte des camps ou dans le silence de la retraite, sous la chaumière du cultivateur ou au sein des académies, on voit en lui les plus austères vertus alliées à la plus tendre bienfaisance, et les talens les plus distingués à la plus rare modestie. Pour embrasser la vie de ce philantrope dans toute son étendue, nous devons donc le suivre avec attention dans sa carrière administrative et dans sa carrière scientifique; et il nous sera facile de remarquer dans ses actions, ainsi que dans ses ouvrages, l'empreinte de la sagesse et le cachet de l'homme de bien.

I.

Privé, dès son plus jeune âge, d'un père recommandable par les services qu'il avait rendus à la patrie sur les champs de bataille, Parmentier coula paisiblement son enfance, sous la tutelle d'une mère tendre et chérie (1). La médiocrité de sa fortune ne lui permit point de donner au jeune Augustin toute l'éducation littéraire que la vivacité de son esprit semblait exiger; elle ne manqua pas néanmoins de cultiver ses heureuses dispositions; et de le mettre sur la voie d'acquérir lui-même, dans des temps plus heureux, les connaissances dont il était si avide. Elle commença elle-même l'éducation de son fils, elle grava dans son âme les premières notions de la religion et de la morale, elle invoqua les lumières d'un respectable ecclésiastique qui acheva de perfectionner son ouvrage; et, après avoir satisfait ainsi aux devoirs sacrés de mère, elle abandonna à la pharmacie le soin d'illustrer son élève. Alors, délivré des études de l'enfance, et encore en butte aux orages de la puberté, Parmentier se vit bientôt transporté du fond d'une province dans le sein de la capitale. Mais au milieu des séductions que le séjour de Paris offre à la jeunesse, l'amour de l'étude et du travail l'arracha sans peine au dangereux attrait des plaisirs; et la voix de la raison imposa silence au murmure des passions naissantes. Après deux années employées à se perfectionner dans l'art pharmaceutique, il sollicita un emploi de pharmacien dans les armées, et il l'obtint sans difficulté. Ainsi commença, à l'âge de vingt ans, par le plus humble des grades, cette carrière qu'il devait parcourir avec tant d'éclat, et dans laquelle il devait un jour obtenir la première place.

Sans autre recommandation que son mérite, il arrive à l'armée d'Hanôvre pour y remplir les fonctions qui lui étaient assignées. Son activité, son zèle, sa bienveillance envers les malades le font à l'instant remarquer par un homme intègre placé alors à la tête de la pharmacie militaire. Il faut le dire à la gloire de Bayen, peut-être, sous un chef moins pénétrant et moins prompt à distinguer le mérite, Parmentier n'aurait-il eu d'autre récompense de son zèle, que des encouragemens passagers et des louanges stériles; peut-être aurait-il langui dans les derniers emplois parce que le vrai talent dédaigne de s'abaisser jusqu'au manége de l'intrigue; mais les connaissances et la vertu étaient les seuls titres recommandables auprès du pharmacien en chef de l'armée ; la sévérité de ses principes repoussait loin de lui l'ignorance et l'importunité ; ceux là seuls qui se présentaient, soutenus par une conduite sage et par les connaissances nécessaires à l'exercice de leur art, étaient sûrs de sa protection. Sous un tel maître, Parmentier ne pouvait pas rester long-temps confondu dans la foule ; sa conduite méritait chaque jour de nouveaux éloges ; ses talens l'appelaient à des fonctions plus élevées où il pût les déployer dans toute leur étendue. Bayen ne tarda pas long-temps à s'en apercevoir; et dès-lors il voulut le récompenser d'une manière éclatante : il l'éleva rapidement aux premiers grades ; et ne le perdit pas un instant de vue jusqu'à ce qu'il se le fût presque associé pour collègue.

Touché de tant de générosité, Parmentier n'oublia jamais la main qui l'avait ainsi protégé; il garda une éternelle reconnaissance à son bienfaiteur ; il ne cessa jamais de le prendre pour modèle et de le nommer son maître. Malgré la différence des âges et même des caractères, l'amitié la plus tendre vint cimenter l'union de ces deux hommes célèbres; cette amitié fut durable parce qu'elle était fondée sur la vertu ; et, lorsque la mort vint y mettre un terme, Parmentier eut encore la consolation de couvrir de fleurs la tombe de son ami, et de faire connaître au public l'importance des services qu'il avait rendus à la science chimique *.

A peine Parmentier fut-il élevé à son nouveau grade, qu'un événement malheureux vint mettre son âme à l'épreuve, et justifier le choix de Bayen. Au milieu des horreurs de la guerre, et sous l'influence d'une saison favorable à la contagion, un fléau redoutable déploie tout-à-coup ses ravages sur les malheureuses victimes que le fer et le feu n'avaient qu'imparfaitement mutilées. Une épidémie meurtrière se déclare dans les hospices confiés aux soins et à la direction de ces deux amis. Qu'on s'imagine l'accroissement rapide et les progrès effrayans d'une maladie contagieuse dans des espaces très-resserrés, au milieu de la gêne, de l'embarras, du désordre inséparable de ces vastes rassemblemens. Qu'on se figure avec quelle rapidité la mort vole d'un lit à l'autre, et moissonne sur son passage les ministres mêmes de l'art salutaire, qui tentent en vain de l'arrêter dans sa marche ; et il sera facile de concevoir la terreur qu'un

---

* Voyez l'Eloge de Bayen.

pareil spectacle doit inspirer, et d'apprécier le courage de ceux qui se dévouent par état et par inclination à combattre de pareils fléaux. Sans doute, il est beau d'affronter la mort au milieu du fer ennemi et du salpêtre embrâsé ; il faut du courage pour sacrifier sa vie à la gloire et à l'indépendance de sa patrie ; mais, dans ces occasions périlleuses où le guerrier court au-devant du trépas avec une noble intrépidité, l'exemple et la vue de ses frères d'armes, la présence d'un chef intrépide, l'impulsion de l'honneur et tous les aiguillons de la gloire le soutiennent dans son dévouement. Il brave la mort sans effroi, et se console de succomber, en voyant, pour ainsi dire, sa tombe éclairée déjà d'un rayon d'immortalité ; mais le ministre d'un art salutaire, relégué dans l'asile de la douleur, certain de périr victime de son zèle et de ses efforts ; quel est le sentiment qui l'anime ? quel est l'espoir qui le soutient ? quelle est la couronne qu'il attend ? la mort et l'oubli, voilà son partage. Et cette destinée ne l'effraie point ; il se place entre le malade et la tombe, et s'y voit lui-même précipité par son dévouement volontaire : n'est-ce pas là le plus haut degré du courage et l'héroïsme de l'humanité ?

Parmentier oppose son zèle à la contagion ; il anime par son exemple, il rassure par ses paroles, il fait briller l'espérance aux yeux des mourans, il excite et nourrit l'émulation dans l'âme de ceux qui veillent à leur conservation, il invoque les lumières des médecins les plus distingués ; et, par cette alliance de zèle et de secours mutuels, il parvient à arrêter les progrès du mal, et à conserver à la patrie ses plus utiles défenseurs.

Du sein des hôpitaux, il vole aux postes les plus avancés de l'armée; il tombe au pouvoir des ennemis qui s'emparent de ses dépouilles ; et se trouve assez dédommagé de son infortune par l'amitié d'un généreux hôte qui, bientôt lié avec lui par le goût de la chimie, tenta de se l'attacher encore par les liens du sang (2). Mais il appartenait à la France qui réclamait de lui des services plus importans.

Il y revint en effet, six années après son départ. Paris offrit encore à l'avidité de son esprit de nouvelles sources d'instruction; il alla puiser de nouvelles connaissances aux leçons des Nollet, des Rouelle et des Jussieu, qui tenaient alors le sceptre de la physique, de la chimie, de la botanique, dans la capitale des arts. Une occasion favorable pour montrer toute l'étendue de ses connaissances, ne tarda pas à se présenter : un concours solennel fut ouvert à l'Hôtel-Royal des Invalides pour une place honorable de pharmacien. Parmentier parut, et la palme lui fut décernée. Quel contraste entre le nouvel emploi qui lui était assigné et les fonctions qu'il venait de remplir dans les armées! Naguères, transporté au milieu de la licence des camps, investi tout à coup d'une autorité puissante, il avait su résister aux séductions de la vanité et aux égaremens d'une bouillante jeunesse; aujourd'hui, plus simple dans les attributions de sa charge, il entre dans un asile religieux et presque solitaire; il ne cessera point, il est vrai, de veiller au salut des défenseurs de la patrie; il soignera peut-être les mêmes hommes dont il avait protégé l'existence et soulagé les douleurs non loin des champs de bataille; mais il les verra retirés paisiblement à l'ombre de leurs lauriers, recevant des mains de la patrie la récompense de leurs services et le prix du sang répandu pour elle. Ce n'est plus avec des jeunes-gens accoutumés à une vie libre et indépendante qu'il va partager ses fonctions; ce sont des vierges modestes consacrées à l'exercice de l'humanité; ce sont des âmes chastes et pures, dont il faudra respecter les croyances, honorer les fonctions, et quelquefois même ménager les caprices inséparables de la faiblesse de leur sexe, malgré toute l'austérité de leurs vertus et toute la fermeté de leur caractère.

Parmentier ne s'effraie pas du nouveau genre de vie qu'il va embrasser. Celui qui avait su conserver un cœur pur au milieu des armées ne craint point de se conformer à une vie régulière dans un établissement aussi respectable que glorieux ; il remplit ses fonctions avec toute la délicatesse d'un homme intègre, élevé dans les principes de la morale chrétienne ; et, en suivant les seules impulsions de son cœur, en pratiquant sans effort les vertus qui lui étaient si naturelles et si faciles, il sut mériter l'estime et la confiance des saintes filles de Vincent-de-Paul. Tandis que ses égards, son zèle, son affabilité lui attiraient une bienveillance particulière de la part des religieuses, sa vigilance, son activité, sa franchise lui gagnèrent facilement tous les cœurs des vieux guerriers confiés à ses soins ; il sut se les attacher par les liens de l'amitié ; et, sans rien perdre de la dignité de son ministère, il vécut pendant long-temps avec eux dans la familiarité la plus touchante. Six années se passèrent ainsi dans une douce tranquillité ; mais le loisir dont il jouit dans cette retraite ne fut pas perdu pour la France ; des travaux constamment utiles ne cessèrent jamais de l'occuper, et nous verrons bientôt quels en ont été les précieux résultats.

La charge qu'il avait remplie jusqu'alors devait le conduire naturellement à une autre plus éminente ; les administrateurs des Invalides ne lui laissèrent pas le temps de la demander ; il en fut revêtu à l'âge de trente cinq ans, et dépossédé quelque temps après, avant d'avoir pu réaliser les changemens et les améliorations qu'il méditait dans l'administration pharmaceutique de ce vaste établissement (3). En débarrassant Parmentier des soins d'une pénible administration, cette légère disgrâce lui laissa un temps précieux qu'il sut employer avec avantage pour sa gloire et pour le bonheur de ses concitoyens.

Passons ici rapidement sur quinze années de sa vie, qui ne furent pas marquées par des titres et des dignités, mais qui nous offriront les découvertes les plus heureuses et les succès les plus glorieux. Ce long espace de temps sera, dans la vie de Parmentier, le moment le plus brillant et le plus honorable aux yeux de la postérité, qui juge les hommes d'après leurs travaux, et non pas d'après de vains titres.

Cependant, tandis que les années s'écoulaient paisiblement, et que, du sein de sa retraite, Parmentier annonçait à la France de nouvelles substances alimentaires et de nouveaux moyens d'utiliser celles qu'elle possédait déjà, la France marchait rapidement vers la plus sanglante des révolutions. La licence usurpa bientôt la place de la liberté. La terreur répandit ses voiles funèbres sur le sol français; tous les amis de l'humanité en furent déclarés les fléaux; Parmentier fut dénoncé comme un ennemi de son pays; et la proscription vint ajouter une nouvelle palme à sa gloire (4).

Éloigné de l'asile des héros qui avaient été les témoins de ses précieuses occupations, dépouillé de la modique pension qui l'avait maintenu jusqu'alors dans une heureuse médiocrité, il ne songea pas même à s'en plaindre. Content du bien qu'il avait fait, il se paya par son souvenir; et, satisfait d'être le bienfaiteur des hommes, il pensa qu'un titre aussi beau devait faire oublier bien des peines.

Tel est pourtant l'ascendant de la vertu, dans les temps mêmes les plus cruels, que le crime est obligé de lui rendre un hommage involontaire. Le nom de Parmentier ne put être long-temps oublié; on se souvint de la bonté de son cœur et de la pureté de ses intentions; on lui offrit des honneurs et de nouveaux emplois à remplir; et, malgré les injustices dont on l'avait abreuvé, il ne put refuser à sa patrie les services qu'il était capable de lui rendre. Marseille le vit dans ses murs veiller à l'approvisionnement des hôpitaux militaires; il exerça, avec son collègue et son ami Bayen, dans cette partie de l'administration, les mêmes talens qu'ils avaient déployés ensemble dans les armées. Son retour à Paris fut marqué par de nouvelles preuves d'estime de la part de ses concitoyens; le Conseil de salubrité, l'administration des hospices l'appelèrent dans leur sein; l'Institut et une foule de sociétés savantes le comptèrent bientôt au nombre de leurs membres les plus distingués. Dès-lors, rétabli dans ses droits, et jouissant d'une considération si bien méritée, il se vit associé à toutes les institutions salutaires, et à la tête de tous les établissemens consacrés à la bienfaisance publique.

Mais, à mesure que de nouvelles charges et de nouvelles dignités s'accumulent sur sa tête, son activité et ses talens semblent se multiplier avec elles ; il les remplit toutes avec un égal succès, et la seule gloire à laquelle il veuille prétendre, c'est de se faire aimer de tous ceux qui sont placés sous sa dépendance. Jamais le faste ni l'ostentation n'altérèrent la simplicité de ses mœurs ni la modestie de son caractère. S'il profita quelquefois du crédit et de la puissance que lui donnaient ses divers emplois, ce ne fut jamais que dans la vue de répandre quelques bienfaits. Tantôt, il fait rendre un hommage public à un naturaliste célèbre (5), par une visite d'appareil faite avec beaucoup d'éclat, pour le venger de l'oubli et de l'ignorance de ses concitoyens; tantôt, il arrache du fond des cachots un jeune homme laborieux, victime d'une loi cruelle, et qui consacrait ses jours de deuil et de tristesse au bonheur de sa patrie, au nom de laquelle on lui ôtait la liberté (6). Mais c'est surtout, dans une occasion plus pressante encore, qu'il déploya toutes les ressources de son esprit, et montra l'inépuisable bonté de son cœur. Un de ses amis * venait de voir un frère chéri frappé par la hache révolutionnaire. Dans ces temps où la pitié était regardée comme un crime, et la tristesse comme une conspiration, contraint de dévorer en secret ses larmes, ce savant respectable dépérissait rapidement dans les angoisses du plus profond désespoir. Parmentier apprend la situation funeste de son ami ; il partage un moment ses larmes, il a recours aux plus touchantes consolations ; mais ses paroles sont inutiles. Alors il sollicite pour lui-même une mission extraordinaire, et demande à visiter les hôpitaux des départemens de l'Ouest ; il exige qu'on lui donne pour collègue celui qui ne pouvait plus exister à côté de l'échafaud de son frère et sous le fer de ses bourreaux ; il l'entraîne dans un pays tout nouveau pour lui, le surcharge d'occupations, l'arrache ainsi à ses pensées funèbres, et ramène peu à peu le calme et la sérénité dans son âme.

Lorsque, après des luttes terribles, la liberté républicaine fut opprimée sous le despotisme impérial, et que la France mit toute sa gloire et toute sa force dans ses armées, Parmentier fut placé à

---

* M. Deyeux, actuellement professeur à la faculté de médecine de Paris.

la tête de la pharmacie militaire, et admis au nombre des inspecteurs-généraux du service de santé. Son pouvoir devint alors très-considérable ; et l'influence qu'il exerça sur ses subordonnés et même sur ses collègues, fut d'autant plus puissante, que ses talens et ses lumières étaient plus généralement reconnus. C'est alors qu'on vit ce que peut la plus sincère philanthropie., au milieu des scènes affligeantes qui se renouvellent sans cesse dans les armées : c'est alors qu'il introduisit dans les hospices militaires l'ordre, l'économie, la salubrité, qui jusqu'alors avaient été si peu connus dans les établissemens de cette nature. Persuadé que l'exemple du chef est toujours la règle des inférieurs, il se sacrifie tout entier aux soins de son administration ; il donne aux pharmaciens militaires les instructions les plus sages, leur trace la route qu'ils doivent suivre dans l'exercice de leurs fonctions, et les guide, comme par la main, dans l'accomplissement des devoirs qui leur sont imposés. Si quelquefois il se vit forcé d'user de sévérité envers quelques-uns d'entre eux, la plus exacte justice dicta toujours ses arrêts, mais son indulgence paternelle en adoucit presque toujours la rigueur. Lorsque la vivacité de son esprit et le zèle ardent dont il était animé pour le bien public lui inspiraient des reproches amers et des mouvemens d'indignation passagers, un prompt retour sur lui-même calmait bientôt cette violence momentanée; et plus sa réprimande avait été sévère, plus son indulgence était facile et complète. Aussi, n'est-ce point sans raison qu'on a dit de lui, qu'il était avantageux, pour ceux qui avaient failli, de supporter un moment sa colère pour être assurés de rentrer en grâce. Cette idée n'exprime-t-elle pas fidèlement le caractère d'un homme intègre, qui s'indigne contre le vice, mais qui pardonne aisément aux coupables, et sait excuser un moment de faiblesse ou d'erreur.

Peut-être ceux qui ne voient dans l'exercice des grandes charges que le droit de châtier et de punir, se récrieront-ils contre la bienveillance de Parmentier; ils taxeront peut-être son indulgence de faiblesse, pour justifier leur inexorable rigueur. Nous n'aurons pas besoin de répondre à ces vains reproches; si Parmentier fut indulgent pour quelques défauts inséparables de la jeunesse et de l'habitude des camps, il ne mollit jamais contre l'habitude du crime, enracinée dans les cœurs.

Les détails d'une si vaste administration, les abus qui devaient nécessairement se glisser dans un service si étendu, lorsque l'Europe entière était le théâtre de nos victoires, devaient exiger des soins bien pénibles. Que de difficultés ne fallait-il pas surmonter pour garantir des armées aussi nombreuses des causes de destruction qui les menaçaient, pour préparer et assainir les hôpitaux destinés à cette multitude de braves dont le fer ennemi n'avait respecté les jours qu'afin de prolonger leurs souffrances? Ce n'était pas assez de veiller au salut de ces malheureuses victimes; il fallait protéger encore la santé de ceux qui résistaient à ces pénibles épreuves ; il fallait prévenir les maux auxquels ils étaient sans cesse exposés, présider au choix et à la conservation de leurs alimens, combattre les influences funestes d'un froid rigoureux ou d'une excessive chaleur; il fallait enfin les garantir de la contagion, des épidémies, de tous les fléaux destructeurs qui moissonnent les armées entières, et portent la désolation et la mort dans le sein même de la victoire. C'est à de telles fonctions que Parmentier était appelé.

Sans doute, il n'était pas seul chargé d'un si vaste emploi; quelle tête eût pu suffire à tant de travaux? Mais ce qui rendait sa position difficile, c'est le caractère même de ses collègues. On connaît la rivalité qui existe depuis long-temps entre les différentes branches de l'art de guérir; cette rivalité, profitable pour l'art lui-même lorsqu'elle ne passe pas les bornes d'une heureuse émulation, n'est pas, bien s'en faut, à l'avantage de la pharmacie; la première difficulté que Parmentier avait à vaincre était donc fondée sur son titre même. Sa position paraissait désavantageuse ; mais il triompha sans peine d'un antique préjugé, et rétablit l'équilibre par l'étendue de ses lumières et la supériorité de ses talens. Forcés de reconnaître en lui un mérite peu ordinaire, les médecins et les chirurgiens, ses collègues, furent ses premiers admirateurs. La noble fierté avec laquelle il soutint l'honneur de la pharmacie lui concilia l'estime de tout le monde ; et les médecins, abjurant à son égard la vaine préséance des professions, se plurent à reconnaître avec lui : « que la première place appartient au » plus habile, et qu'on ne doit traiter de subal- » ternes que la sottise et l'ignorance *. »

Ainsi, dans la longue administration que Parmentier remplit avec éclat jusqu'à la fin de sa vie, estimé et chéri de ses égaux autant que de ses inférieurs, il sacrifia toujours avec joie son intérêt particulier à l'intérêt général ; et, ce qui est plus encore, on le vit, malgré toute la puissance de l'amitié sur son âme, sacrifier l'intérêt d'un ami au droit plus légitime de l'ancienneté, dans l'avancement de ceux qui étaient soumis à ses ordres (7). Il en coûtait sans doute à son cœur de ne pas obliger ceux qui lui étaient

---

*. Cadet de Gassicourt. Éloge hist. de Parmentier p. 22.

attachés par des liens plus doux que ceux de l'autorité ; mais sa conscience se fut révoltée, s'il eût fallu les obliger par une injustice, et sacrifier aux droits de l'amitié des droits plus incontestables.

C'est par cette sévère justice dans la distribution des emplois, c'est par cette égalité de caractère et cette humanité, qui règlaient toute sa conduite, qu'il se concilia l'estime de tous ceux qui partagèrent avec lui les fonctions de l'art salutaire, ou qui furent placés sous sa direction. C'est par les bienfaits de son administration, qu'il parvint à adoucir les horreurs inévitables que la guerre entraîne après elle, et que, s'il ne put pas en arrêter le torrent et s'opposer au massacre de tant de milliers de citoyens, il tâcha du moins de rendre les suites de ce fléau moins terribles, en versant sur les plaies des défenseurs de la patrie le baume réparateur.

Qu'il est beau, qu'il est sublime le ministère de ceux qui consacrent leurs talens au soulagement de l'humanité, au milieu des champs du carnage ou dans les asiles infects qu'habitent la douleur, la contagion et la mort ! Tandis que des hommes emploient toutes les ressources de leur génie pour égorger leurs semblables, dans l'espoir d'une gloire imaginaire ou d'un frivole intérêt, qu'il est consolant de voir d'autres hommes employer tous les secrets d'une science bienfaisante à réparer les désastres d'un art destructeur! Et qu'on ne dise pas que Parmentier fut étranger à cette noble fonction; qu'on ne prétende pas lui disputer une gloire si bien acquise; il appartient à la médecine par la pharmacie qui en est une branche importante; il lui appartient par des ouvrages utiles qui ont hâté ses progrès, par l'autorité qu'il a long-temps exercée sur un grand nombre de ses ministres; il lui appartient enfin par les savantes recherches qui ont agrandi son domaine, en étendant celui des sciences accessoires où elle va puiser ses principales ressources. C'est là ce qui nous reste maintenant à examiner; c'est là que nous trouverons Parmentier dans toute sa gloire, et que nous pourrons déployer sans peine les titres sacrés qu'il a acquis à la reconnaissance du genre humain.

II.

Avant d'examiner les travaux scientifiques de Parmentier, aurai-je besoin de répondre à quelques censeurs qui lui ont refusé le titre de savant parce qu'il a consacré ses veilles à chercher des applications utiles, plutôt qu'à créer des théories séduisantes? C'est un étrange système que celui qui place la science dans des régions imaginaires ou inconnues, et qui flétrit du nom d'ignorance tout ce qui se rapproche des yeux du vulgaire. Faut-il donc, pour plaire à ces critiques sévères, ne se présenter à eux, qu'entouré de termes pédantesques, ou revêtu de formules scientifiques propres seulement à repousser les hommes que l'on veut éclairer? Cette opinion pouvait prévaloir dans ces temps reculés où les sciences, cachées dans le sanctuaire, et renfermées dans le cercle étroit de quelques savans, ne contribuaient en rien au bonheur de la société, et ne servaient qu'à rendre ceux qui les cultivaient l'objet d'une admiration aveugle ou d'une superstition ridicule. Mais aujourd'hui que ces prestiges sont évanouis, ce n'est plus à des abstractions arides que le génie doit s'arrêter ; qu'il se fraye des routes nouvelles, puisque tel est son destin ; qu'il s'élance d'un vol rapide vers la vérité ; mais qu'il ne craigne pas de faire participer les peuples à ses avantages. Que la science ne brille plus seulement dans une étroite enceinte, mais, semblable au flambeau du monde, qu'elle répande des flots de lumière sur toute la surface du globe, sans distinction de peuples ni de pays. L'astronomie a-t-elle rien perdu de sa majesté depuis qu'elle a servi à mesurer la terre ou à régler la marche du navigateur? Et la chimie n'a-t-elle pas acquis un nouvel éclat, depuis qu'elle a été consacrée au progrès des arts les plus vulgaires, mais en même temps les plus utiles?

Si Parmentier est descendu des hauteurs de la science pour parler la langue du peuple et se faire entendre de l'humble habitant des campagnes, qui osera lui en faire un crime? Si le nom de savant n'est point un vain titre, si le but essentiel de toute science est d'être utile au genre humain, qui jamais mérita mieux que lui d'être admis dans son sanctuaire? « On ne trouvera point, » il est vrai, dans ses ouvrages, l'explication de » ces grands phénomènes, ni aucune de ces dé- « couvertes brillantes qui font de la chimie une » partie essentielle de la physique *, » mais les vérités qu'on y trouvera sont bien plus importantes peut-être, et elles ont eu pour la société de bien plus précieux résultats.

Le nombre immense de ces ouvrages, la série nombreuse des expériences qu'ils renferment, les vues nouvelles qu'ils présentent, ne sauraient sans doute être analysés en détail dans un discours académique ; cependant en les considérant dans leur ensemble, nous devons tâcher d'en donner ici une idée succincte, et faire connaître les principales vérités dont ils sont remplis. La première idée qui nous frappera dans leur examen,

---

* Parmentier. *Examen chimique des pommes de terre. Préface.*

c'est l'amour de l'humanité qui les a dictés, c'est l'application constante des principes de la science au perfectionnement des arts les plus nécessaires. Jamais Parmentier ne se borne à des considérations abstraites sur la structure intime des corps, sans chercher à tirer de cette structure des applications utiles. S'il examine la nature chimique des pommes de terre ou celle des grains de toute espèce, ce n'est que pour déterminer les divers rapports et le degré d'utilité de chacune de ces substances. S'il procède à l'analyse du lait ou du sang, ce n'est que pour éclairer la médecine de ses lumières, et ajouter aux résultats de l'expérience médicale ceux de l'analyse chimique. Partout où il porte ses regards, il découvre de nouveaux points de vue, et répand sur tous les objets qu'il examine la lumière et la clarté de son esprit.

Sans nous astreindre à suivre l'ordre des temps en parcourant les travaux scientifiques de Parmentier, examinons d'abord ceux qui ont un rapport plus direct avec la chimie, la pharmacie et la médecine, et nous terminerons par ceux qui lui ont acquis la plus belle portion de sa gloire, par les avantages incalculables qu'ils ont procurés à l'agriculture et à l'économie rurale et domestique.

Si nous jetons un coup-d'œil sur l'état de la

chimie à l'époque où Parmentier se montra dans le monde savant, nous verrons une science incertaine dans ses principes fondamentaux, flottant encore dans le vague des hypothèses, mais faisant des efforts continuels pour sortir de cet état d'incertitude et d'hésitation. Naguères, le génie de Stahl lui avait communiqué une impulsion favorable ; mais de nouvelles découvertes nécessitaient chaque jour de nouveaux principes; Meyer proposait déjà une nouvelle théorie ; Bayen avait entrevu les phénomènes qui devaient changer la face de la science ; Lavoisier enfin préludait à ces découvertes immortelles, à cette théorie aussi simple qu'étonnante, qui a marqué une des plus belles époques des progrès de l'esprit humain. Les premiers ouvrages de Parmentier devaient se ressentir nécessairement de l'imperfection de la chimie à l'époque où il les écrivait. Aussi, malgré les observations nouvelles et l'exactitude scrupuleuse qu'on remarque dans son *Traité de la Châtaigne*, dans son *Mémoire sur les végétaux nourrissans, etc.*; dans son *Examen chimique des pommes de terre*, les différentes analyses que ces ouvrages renferment sont bien loin d'être suffisantes. Mais s'il ne put déchirer le voile dont la science était enveloppée, il reconnut du moins qu'il n'avait pas à sa disposition tous les instrumens nécessaires ; il sentit le besoin des nouvelles découvertes; et, en travaillant à l'*analyse des eaux minérales*, il indiquait, avec soin, l'insuffisance des méthodes ordinaires, et les difficultés qu'il y avait à vaincre dans les opérations de cette nature. C'est surtout dans les notes qu'il ajouta à la traduction des *Récréations physiques et chimiques* de Model, qu'il fit sentir les défauts des doctrines alors en vogue ; c'est là qu'on voit le chimiste, mécontent des explications reçues, chercher à pénétrer dans le sanctuaire de la vérité, et s'arrêter en chemin, de peur de s'égarer dans le sentier de l'erreur.

C'est à Lavoisier qu'était réservée la gloire de franchir cette barrière. Développée par ce beau génie, une découverte produit une immense révolution. Un nouveau langage se forme pour exprimer des idées nouvelles ; et la chimie, marchant rapidement vers la perfection, s'élève avec majesté sur les débris des vieilles doctrines. Tous les arts reçoivent au même instant sa salutaire influence; toutes les sciences accueillent avec empressement les nouveaux moyens d'investigation qu'elle leur présente. La médecine, au milieu de cette agitation générale, réclame avec ardeur les secours qu'elle a droit d'en attendre; son espérance n'est point trompée : des hommes laborieux et savans s'occupent d'une application si utile ; et des résultats avantageux couronnent leur zèle. Parmi les analyses médicales les plus distinguées, il en est peu qui aient mérité autant d'éloges que celles du lait et du sang, que Parmentier et Déyeux exécutèrent ensemble.

La Médecine qui, d'accord avec la philosophie, fait aux mères un devoir sacré de nourrir leurs enfans de leur propre lait, se voit quelquefois obligée d'adoucir sa sévérité à cet égard ; mais lors même qu'elle permet quelque exception à la loi impérieuse de la nature, elle tâche d'y suppléer par tous les moyens que l'expérience met en son pouvoir. Les animaux offrent à l'homme une ressource très-variée pour ce supplément. Une Société célèbre proposa de déterminer la nature du lait de femme, en le comparant à celui des femelles des animaux ; Parmentier résolut, avec son ami, cet intéressant problême ; et la couronne dont fut honoré leur travail ne fut qu'un faible témoignage de la satisfaction d'une Société digne d'en apprécier le mérite. Pour montrer toutes les ressources que peut fournir à la médecine ce liquide réparateur, ils en isolèrent les principes constituans, ils indiquèrent la différence de ces principes dans les différentes espèces de lait, formèrent entre elles une échelle de gradation qui pût servir de règle au médecin praticien, et parvinrent enfin, à force d'expériences, à lui communiquer des propriétés médicamenteuses, par le choix des alimens destinés à la nourrice qui le fournit; expérience précieuse à l'humanité, parce qu'elle donne à la médecine une arme puissante pour combattre des maladies aussi opiniâtres que désolantes. Cet ouvrage classique subit encore dans la suite des améliorations importantes (8), et les travaux postérieurs des Chaptal, des Vauquelin, des Berzélius, n'ont ajouté que très-peu de chose aux vérités qu'il renferme

La même exactitude dans l'analyse du sang, proposée, l'année suivante, par la même Société, leur mérita des éloges non moins flatteurs, et fut couronnée du même laurier (9). Non seulement tous les principes constituans du sang y furent démontrés et analysés avec soin, mais, ce qui rendait surtout leur travail long et pénible, c'était la difficulté de déterminer la nature des altérations de ce fluide, dans différentes espèces de maladies. Parmentier et Déyeux nièrent l'existence de ces prétendues altérations; ils observèrent, à la vérité, quelques différences dans la proportion de ses principes, mais ils rencontrèrent constamment les mêmes, et ils conclurent qu'il n'y avait jamais décomposition du fluide sanguin dans l'économie vivante. Leur opinion, favorablement accueillie par un grand nombre de savans, n'est pas à l'abri de toute contestation; mais il est vrai de dire que tout ce que les connaissances chimiques les plus précises pouvaient leur fournir, fut mis à contribution; et que, quand même leur analyse serait erronée, ce serait la faute de la science, et non pas la leur (10).

Ainsi, les deux liqueurs les plus importantes de l'économie animale, le lait, qui sert de nourriture à l'homme dans les premiers temps de sa vie, qui lui donne, dans un âge plus avancé, un aliment aussi agréable que salutaire, qui lui fournit, dans des maladies cruelles, un médicament des plus efficaces et des plus doux; et le sang, ce fluide vivifiant et réparateur, qui circule continuellement dans ses veines pour porter la vie dans tous les points de sa machine, le sang dont l'altération ou la perte doit nécessairement entraîner la maladie ou la mort, furent analysées avec une exactitude jusqu'alors inconnue; et ce beau travail procura à la médecine de grands avantages, en éclairant la théorie de certaines affections morbides, et plus encore leur traitement.

Mais ce ne sont pas là les seuls services que Parmentier ait rendus à l'art de guérir. Dans tous les temps de sa vie, il travailla à en agrandir le domaine, à propager les découvertes utiles dont il a coutume d'enrichir l'humanité. Protecteur de la santé du soldat, au milieu de l'insalubrité des camps et des hôpitaux, on le vit s'occuper tour à tour *des qualités de l'eau destinée à la boisson des troupes*, et de la *désinfection* des asiles consacrés au traitement des maladies. Placé, au sein de nos villes, à la tête des institutions les plus tutélaires, il fit tous ses efforts pour protéger la vaccine naissante, malgré tous les préjugés qui s'élevèrent contre elle, à son origine, et qui retardent encore le moment heureux où le plus cruel de tous les fléaux doit disparaître de la surface du globe. Ici, vous le voyez analysant les eaux de la Seine, et rassurant les esprits troublés sur les qualités de cette boisson si nécessaire à la capitale (11); là, il expose des *vues générales sur les principales eaux minérales de France*. Ce n'est plus au fond de l'Allemagne ou de la Russie qu'il cherche, avec Model, les sujets de ses expériences ; c'est au milieu de sa patrie qu'il établit son laboratoire, et chaque principe qu'il énonce est un bienfait pour ses concitoyens. Ces mémoires isolés, joints à quelques autres, étaient un tribut, suffisant sans doute, payé à l'art de guérir ; mais Parmentier n'est pas satisfait : il médite un plus grand ouvrage qui doit appartenir en même temps à la pharmacie, à la chimie, à la médecine. Depuis longtemps il manquait à cette dernière science un *Code pharmaceutique*, débarrassé de toutes les préparations bizarres que l'ignorance et la crédulité avaient accumulées dans les anciens formulaires, et qui n'avaient pour appui, dans les officines, que des noms fastueux et des préjugés antiques. Parmentier rédigea ce livre classique : un discernement exquis et un goût sévère présidèrent à sa rédaction ; une préparation pharmaceutique importante * y subit une réforme et une amélioration très sensibles. L'accueil favorable qu'il reçut du public, les jugemens avantageux qu'en portèrent les médecins, attestent assez son mérite. Il a servi de modèle à tous les ouvrages de ce genre qui l'ont suivi, et il est encore une source de connaissances utiles, malgré les nouvelles acquisitions de la science et les perfectionnemens introduits par des auteurs estimables dans cette partie de la médecine.

Pour offrir encore un nouvel avantage aux médecins dépendans de son administration, Parmentier publia bientôt un *nouveau formulaire pharmaceutique militaire*, qui leur offrait, d'un coup d'œil, les préparations les plus ordinaires et les plus appropriées à la partie de la pratique médicale qui leur était confiée. C'est ainsi que ce zélé philanthrope savait servir sa patrie sans

---

* Vins médicinaux.

faste et sans ostentation ; c'est ainsi qu'en alliant la chimie et la pharmacie à la médecine, il agrandit le domaine de celle-ci , en relevant la dignité des deux autres , que d'anciens préjugés semblaient repousser loin d'elle ; l'art de guérir vit sans crainte ce rapprochement naturel; et , bien loin de s'en effrayer , il le provoqua plutôt avec joie , pour profiter des avantages que lui offre chaque jour cette paisible union.

Le nom de Parmentier sera donc cité avec éloge dans les fastes de cet art sublime ; mais , ce qui suffirait à la gloire d'un homme ordinaire n'est qu'une faible portion de la sienne. Des bienfaits d'un autre genre ont signalé sa longue carrière , et lui ont acquis encore de plus beaux titres aux hommages de la postérité. Ce n'est pas que les travaux qu'il nous reste à faire connaître, se présentent avec plus d'éclat que ceux que nous avons déjà rappelés : non , et nous nous faisons gloire de le répéter , ce n'est point par un appareil séduisant ou par des hypothèses brillantes que le souvenir de Parmentier vient surprendre nos hommages ; c'est le cri de l'humanité , ce sont les bénédictions de la France entière qui s'élèvent en faveur de son bienfaiteur.

Quel spectacle plus imposant , dans l'histoire de l'esprit humain , que celui qu'offre à nos regards l'état des sciences physiques et naturelles vers la fin du dernier siècle ? une activité impatiente agitant alors tous les esprits, et préparant une révolution générale dans les connaissances humaines ; l'ignorance et les préjugés, accrédités par le temps, et fiers, pour ainsi dire, de leur antique origine, luttant en vain contre les nouvelles méthodes philosophiques ; l'expérience et l'observation déchirant le voile qui enveloppait la nature ; la physique et l'histoire naturelle, la chimie, la botanique et la médecine, marchant à grands pas vers les réformes les plus heureuses ; des réputations imposantes s'élevant avec de nouveaux monumens du génie ; voilà quelques traits épars de ce grand tableau. Il eût été facile à Parmentier de s'illustrer dans ces routes nouvelles ; peut-être sa gloire en eût été plus brillante, mais combien elle eût été moins utile aux hommes ! Tandis que l'histoire naturelle se reposait sur le génie de Buffon, et que la chimie montrait au monde les premiers travaux de l'infortuné Lavoisier, un art plus modeste et bien plus utile languissait dans un état déplorable ; et la France, éblouie des merveilles des arts, ne pensait pas même à celui qui est le premier de tous, et sans lequel il n'y a point de véritable richesse pour un état.

Cependant sa population s'accroissait d'une manière rapide, alarmante même pour elle ; et l'agriculture, cette mère nourricière des empires, qui, protégée par Sully, sous le gouvernement paternel de Henri IV, avait été la source féconde de la richesse et de la prospérité nationales, l'agriculture demeurait immobile au milieu des changemens qui s'opéraient autour d'elle. L'économie, presque entièrement inconnue ou négligée, n'enseignait point encore à tirer le parti le plus avantageux des productions de la terre ; et ce que la fécondité naturelle du sol présentait à l'agriculteur était perdu, en grande partie, par son ignorance.

Déjà l'insuffisance des grains commençait à devenir très-sensible ; les disettes étaient de jour en jour plus fréquentes ; la famine semblait préluder, chaque année, aux dévastations qu'elle devait bientôt opérer. A peine quelques hommes laborieux s'étaient-ils imparfaitement occupés des premiers besoins de l'homme en société, et de la préparation de ses substances alimentaires. Le traité d'agriculture du Columelle français, d'Olivier de Serres, relégué dans la poussière des bibliothèques, était plongé dans un injurieux oubli ; le médecin Beccari avait bien distingué les deux parties principales de la farine du froment, mais il avait tiré de cette observation une conséquence fausse, et sa découverte était demeurée sans résultat pour la confection du pain (12); Malouin n'avait fait qu'une application peu exacte de la chimie à la boulangerie; Tillet, en examinant avec soin les maladies du blé, avait déjà prouvé la contagion du charbon, de la carie, de la rouille, et proposé des moyens utiles pour la combattre; Duhamel venait d'inventer des étuves propres à sécher les grains dans tous les temps de l'année, pour les conserver pendant des siècles sans altération, et cependant, son procédé présentait de graves inconvéniens. Il appartenait à Parmentier de rectifier les erreurs des uns et des autres, d'inventer lui-même de nouveaux procédés, de proposer de nouvelles substances alimentaires, et, ce qui est bien plus difficile, de les faire adopter au peuple.

C'est sur le blé, le premier de nos alimens, qu'il dirigea ses recherches avec le plus d'attention. Avant de le confier au sein de la terre et de l'abandonner aux soins de la nature, il veut s'assurer de ses qualités; il enseigne au laboureur à choisir celui qui convient le mieux au champ qu'il cultive, à distinguer les vices et les maladies qui peuvent influer sur sa végétation, à le dépouiller de ces qualités malfaisantes par des opérations perfectionnées, et ne lui permet de le livrer à la terre, qu'à l'époque et sous les conditions les plus favorables pour obtenir une abondante moisson. La végétation commence-t-elle à se montrer sous une brillante apparence ? les soins de Parmentier redoublent encore ; il sait que des herbes parasites ou étrangères peuvent détruire ces jeunes tiges et anéantir ces espérances précoces ; il avertit le laboureur du danger, et lui indique les moyens qu'il doit employer, l'époque qu'il doit choisir pour extirper ces herbes funestes. Arrivé au moment de la moisson, des dangers nouveaux se présentent ; Parmentier les signale avec sagacité ; il descend avec plaisir jusqu'aux moindres détails, et ne trouve rien indigne de lui, quand il s'agit d'assurer l'existence des hommes, et surtout celle du cultivateur. Tous les soins qu'il a pris jusqu'ici ne sauraient encore le rassurer ; après avoir présidé à l'accroissement et à la récolte des grains, il préside à la construction des greniers qui doivent les recevoir, et perfectionne les moyens propres à le garantir des insectes et de tous les accidens qui peuvent l'altérer et le corrompre.

Alors, quittant le laboureur payé de ses peines et récompensé de ses travaux, il porte son attention vers les travaux du meunier ; il dirige lui-même le jeu de ses machines, lui montre les inconvéniens des différens procédés qu'il emploie, et préconise avec enthousiasme cette nouvelle méthode connue sous le nom de *mouture économique*, dont les avantages lui paraissent incontestables. Il s'arrête avec complaisance sur une invention si utile ; mais un autre objet appelle bientôt son attention ; il ne s'agit plus de veiller à la fabrication des farines, il faut maintenant les transformer en pain salutaire. Voilà le problème que Parmentier se proposa de résoudre ; voilà quel fut l'objet de ses travaux pendant un grand nombre d'années.

Ceux qui ne cherchent, dans les arts et dans les sciences, que l'appareil et l'éclat, mépriseront sans doute des occupations si vulgaires ; ils dédaigneront une gloire qui leur paraîtra si commune, et regarderont en pitié ces travaux obscurs, qui n'ont que le mérite d'être utiles. Parmentier leur a répondu d'avance : ce n'est point le suffrage de ces hommes qu'il a ambitionné ; il n'a voulu qu'être utile au genre humain ; et il a pensé que « aux yeux de la philosophie, la conversion des substances farineuses en pain sera toujours infiniment plus précieuse que l'art de ciseler le bronze, ou de tailler le diamant »*.

Jusqu'alors, l'empirisme le plus aveugle avait présidé aux travaux de la boulangerie. Jamais

---

* Parmentier, Discours sur la boulangerie.

on n'avait pû mettre quelque exactitude dans les procédés qui y étaient employés. Malouin, en appliquant la chimie à cet art, n'avait tracé que des règles incertaines ou erronées. Parmentier, pour l'intérêt de l'humanité, fut obligé de combattre son collègue à l'académie, mais il le fit avec tous les égards que mérite un homme de bien ; et Malouin fut le premier à lui rendre hommage, au sein même de cette société, qui s'honorait de les compter l'un et l'autre parmi ses membres.

Le choix des farines fixe d'abord son attention : le moyen de reconnaître leurs qualités ou leurs défauts est bientôt trouvé ; les règles nécessaires à la confection du pain sont déjà tracées ; les phénomènes de la fermentation panaire, presque inconnus aux chimistes, sont développés avec une rare sagacité; les moyens de l'exciter, de la modérer ou de l'arrêter à propos, ne sont plus douteux ; et bientôt Parmentier parvient à créer la théorie d'un art qui semblait destiné, avant lui, à être éternellement l'apanage de la routine et le patrimoine de l'ignorance. Non content de l'avoir retiré du profond oubli où il était plongé, il veut lui donner toute l'importance qu'il mérite : il fait établir, au sein de la capitale, une école de boulangerie, destinée à former des élèves instruits, qui devaient, à leur tour, devenir des maîtres; et, dans un ouvrage rempli d'idées neuves *, il lègue le fruit de ses recherches et de son expérience à la postérité la plus reculée. Ainsi, après avoir étudié le blé sous le rapport de l'agriculture, du commerce, de la meunerie, de la boulangerie ; après l'avoir pris dans ses rudimens, et protégé pendant sa végétation, il ne le quitte que lorsque la plus parfaite élaboration l'a transformé en aliment salutaire.

Cependant, il est des années où cette moisson précieuse est détruite ; il est des pays où elle ne peut suffire à la nourriture des habitans ; il est des contrées qui n'en produisent point du tout ; il faut donc lui substituer alors de nouvelles ressources pour subvenir aux besoins du pauvre. La sollicitude de Parmentier semble tout prévoir ; c'est d'abord sur les autres grains farineux qu'il fonde ses espérances. Le seigle lui paraît, à juste titre, mériter la première place après le froment; aussi, en l'examinant avec soin, s'attache-t-il à démontrer les avantages qu'il peut procurer à l'agriculture. L'ergot, cette maladie funeste, qui change la nature de ce grain précieux et lui donne des qualités vénéneuses, lui semble digne surtout de toute son attention. Il le soumet à

---

* *Le parfait boulanger*, ou *traité complet sur la fabrication du pain*. Paris, 1778.

une analyse sévère, il fait de nombreuses expériences, il s'expose lui-même, avec courage, aux accidens que son emploi peut occasionner ; et il conclut avec assurance que les propriétés vénéneuses de l'ergot ne sont fondées que sur un préjugé populaire ; que son expérience personnelle, soutenue par l'autorité de Model, de Schlegel et d'autres, lui donnait le droit de démentir. Pourquoi faut-il que ces résultats n'aient pas été confirmés, et que des expériences postérieures aient détruit des espérances si chères à l'humanité ! *

De l'examen du seigle il passe à celui du maïs, de l'orge, du riz, de toutes les plantes céréales enfin, que l'homme a su s'approprier pour subvenir aux besoins de son existence ; toutes les plantes potagères lui fournissent de nouvelles ressources et de nouveaux sujets d'observation ; il en propage la culture dans les plus vastes domaines, et rend ainsi de nouveaux services à l'économie rurale et domestique.

Toutes les parties de la France éprouvent tour à tour ses bienfaits. Le Poitou trouve dans un mémoire sur les blés qu'il produit, des vues instructives et de nouvelles richesses ; les états de

---

* Tessier. Mémoire sur l'ergot du seigle, etc.

Bretagne font frapper une médaille en son honneur, pour perpétuer la mémoire des services qu'il rend à l'agriculture de cette province ; l'Académie de Bordeaux couronne un travail précieux sur l'usage du maïs que la Guyenne produit en abondance. Une autre province, féconde en grains de toute espèce, également importante et par la fertilité de son territoire, et par la beauté de son climat, et par l'industrie de ses habitans, le Languedoc, s'adresse à lui, par la voie de ses députés, pour connaître les procédés les plus avantageux à l'exploitation et au commerce de ses richesses agricoles ; un savant mémoire est aussitôt rédigé ; il satisfait à ces demandes avec une exactitude incroyable ; il lui révèle des trésors cachés dans son sein ; et lui enseigne à tirer un meilleur parti de ceux qu'elle possédait déjà. Non content des services qu'il rend à ses agriculteurs, il offre encore un tribut d'hommages et de reconnaissance aux grands hommes qui l'ont illustrée ; il tire de l'oubli un ouvrage immortel, replace son auteur au rang distingué que lui méritaient ses travaux ; et l'antique Occitanie se glorifie de nouveau de l'antique ouvrage d'Olivier de Serres, un de ses enfans les plus célèbres et les plus utiles à la patrie, non par un vain appareil de gloire et des frivolités séduisantes, mais par des travaux entièrement consacrés au bonheur des peuples.

Parmentier ne borna pas ses recherches sur l'agriculture et ses produits à quelques provinces; il les examina dans la France entière, il les compara les unes aux autres, et fit ainsi participer tout le royaume aux améliorations qu'il ne manquait jamais d'introduire dans tout ce qui faisait l'objet de ses études. Les animaux domestiques, si nécessaires à l'agriculture, ne furent point oubliés; il montra comment on pourrait facilement les nourrir, sans rien ôter à la subsistance de l'homme; il fit plusieurs mémoires sur la culture des différentes espèces de fourrages, et compléta ainsi tout ce qu'il avait déjà fait pour l'économie rurale.

Les travaux de Parmentier, comme agronome, pourraient sembler ici terminés avec gloire; mais la plus belle partie nous en est encore inconnue. Tandis que l'abondance régnait encore dans nos campagnes, sa prévoyance lui fait craindre ces années funestes où l'intempérie des saisons rend inutiles les précautions les plus sages, et où la terre, trahissant l'espérance du laboureur, refuse ses dons les plus précieux à ses habitans désolés. Son imagination lui représente, sous les couleurs les plus sombres, les horreurs de la famine, et les désastres qui en sont le cortége ordinaire.

A cette idée affligeante, son cœur s'émeut profondément, et cherche les moyens de s'y opposer ; il examine, il compare, il essaie, par d'innombrables expériences, les différentes ressources que la nature lui offre. Le succès couronne bientôt ses heureux efforts; et, dans les transports de sa joie, il s'écrie avec enthousiasme : je préserverai à jamais ma patrie de ce fléau destructeur.

Son premier essai en ce genre avait été son premier triomphe. L'Académie de Besançon, en couronnant son *mémoire sur les végétaux nourrissans*, lui avait ouvert avec gloire la carrière qu'il devait suivre ; il s'y précipita, avec ardeur, il multiplia ses recherches, il reconnut bientôt l'insuffisance des végétaux qu'il avait proposés, et s'arrêta sur un seul qui lui parut plus utile que tous les autres ensemble.

Au milieu d'une famille de plantes, presque toutes douées de propriétés vénéneuses, il en est une qui dédommage amplement le genre humain des accidens malheureux qui sont assez rarement causés par les autres. C'est dans sa racine, ou plutôt dans un tubercule attaché à cette racine, que l'on trouve, comme en dépôt, une abondante quantité de substance alimentaire, parfaitement convenable à la nourriture de l'homme. C'est un présent du Nouveau-Monde, seul capable, peut-être, avec quelques médicamens salutaires, de compenser les désastres que la découverte de l'Amérique a causés aux peuples européens. Ce trésor, bien préférable à ceux qu'on cherche avec tant de peine au-delà des mers, est la racine connue sous le nom de pomme de terre. C'est une moisson souterraine *, placée, par la nature, à l'abri des orages et de l'inconstance des élémens.

L'Europe avait reçu depuis long-temps ce végétal précieux ; mais on ne l'avait cultivé d'abord que comme un objet de curiosité. A peine rencontrait-on dans quelques jardins cette plante qui devait bientôt couvrir les champs de l'Europe et nourrir le tiers de sa population. Par quelle étrange fatalité la propagation de ce tubercule fut-elle si lente ? pourquoi l'usage qu'on pouvait en faire si rapidement est-il resté si long-temps inconnu ? Et, lorsque, après deux siècles d'insouciance, les nations du Nord, éclairées par la raison et l'expérience, commencèrent à ouvrir les yeux ; lorsque l'Angleterre, l'Allemagne, la Flandre, la Suisse cultivaient en abondance cette solanée, pourquoi la France, si habile à s'approprier les arts que le luxe et la frivolité entretiennent, dédaigna-t-elle encore pendant long-temps une plante qui, seule, devait rendre la famine désormais impossible ?

---

* Virey, notice historique sur Parmentier.

De nombreux préjugés s'élevaient contre elle ; des hommes prévenus la repoussaient de nos tables comme un aliment dangereux et désagréable (13) ; et tandis que nos voisins éprouvaient déjà tous les avantages de sa culture, à peine quelques-unes de nos provinces faisaient-elles quelques essais pour se procurer cette nouvelle moisson. Au milieu de cette insouciance et de cette hésitation générales, Parmentier annonce les résultats de ses expériences, et s'écrie avec tout l'ascendant de la vérité : (14) « Français, mes
« concitoyens, vous rejetez un aliment qui doit
« un jour vous garantir du fléau le plus redou-
« table que l'espèce humaine ait à redouter; vous
« n'osez cultiver une plante qui peut bientôt
« faire la richesse de vos campagnes. La fertilité
« du sol que vous habitez, l'abondance des mois-
« sons qui enrichissent vos provinces, vous don-
« nent une confiance sans bornes. Insensés ! vous
« ne pensez donc point à l'avenir, et vous ou-
« bliez même l'histoire des temps passés. Com-
« bien de fois la France n'a-t-elle pas vu ses cam-
« pagnes frappées de stérilité, et ses enfans dé-
« vorés par la famine ? combien de fois ne sera-t-
« elle pas accablée du même fléau, si vous n'ou-
« vrez les yeux à la lumière, si vous n'acceptez
« avec empressement le bienfait que je vous pré-
« sente ? Que l'ignorance se taise devant la raison,

« et que tout préjugé disparaisse devant le flam-
« beau de l'expérience. Vous rejetez la pomme
« de terre, parce qu'elle appartient à une famille
« de plantes vénéneuses ; et moi, je vous ai prouvé
« qu'elle ne possède aucune des propriétés nui-
« sibles que vous lui imputez. Vous l'écartez de
« vos tables avec dédain, comme un mets insi-
« pide et désagréable ; et moi, je vous ai prouvé
« qu'elle pouvait flatter les goûts les plus déli-
« cats. Vous ne voulez point en adopter la cul-
« ture, parce qu'elle nuirait, dites-vous, à de
« plus utiles moissons ; et moi, je vous ai prouvé
« que vous pouvez la cultiver avec avantage dans
» les terrains les plus stériles et au milieu des
« plaines incultes où la charrue n'avait jamais
« pénétré. Vous ne voulez point enfin d'une ra-
« cine qui vous paraît inutile, parce qu'elle n'est
« point propre à faire du pain ; eh bien ! je
« vais vous apprendre à la mélanger avec le fro-
» ment, afin d'augmenter ainsi cette nourriture
« qui vous est si chère ; je vous indiquerai les
« proportions les plus justes pour obtenir cons-
« tamment un résultat avantageux ; je ferai plus
« encore, je vous enseignerai à transformer en
» pain sans mélange cet aliment que vous dé-
« daignez sous une autre forme. Mais je vous
« en avertis d'avance, de peur que vous ne m'ac-
« cusiez dans la suite d'avoir eu trop de confiance

« dans ce pain nouveau, ce n'est point sous
« cette forme que la solanée tubéreuse vous of-
« frira le plus d'avantage (15); le travail est
« long et pénible, les procédés incertains entre
» des mains trop peu exercées ; gardez-vous
» donc de l'altérer par des préparations au moins
« inutiles ; prenez-la et consommez-la, telle que
» la nature vous la présente. Lorsque, dociles
« à la voix de la raison, vous aurez, en propa-
« geant sa culture, multiplié vos ressources ali-
» mentaires ; du surplus de vos richesses, vous
« pourrez encore tirer des produits nouveaux :
« ceux qui viendront après moi perfectionneront
« ce que j'ai commencé, et feront eux-mêmes
« de nouvelles découvertes ; je ne vous ensei-
« gnerai point à tirer de la pomme-de-terre une
« liqueur spiritueuse (16); d'autres vous l'en-
« seigneront peut-être sans difficulté ; puissent-
« ils ne pas abuser un jour de cette découverte,
« et ne pas changer ainsi en poison ce que la
« nature nous présente comme un aliment salu-
« taire ! Cherchez plutôt à rendre toutes les par-
« ties de ce végétal utiles à l'humanité pour d'au-
« tres usages ; peut-être que ses feuilles, ses
« fleurs et ses baies vous fourniront un jour des
« matériaux précieux (17). Interrogez sans cesse
« la nature ; et quelque nouveau succès couron-

« nera vos nobles efforts. Pour moi, qui ai con-
« sacré ma vie à des travaux obscurs, mais
« utiles, j'ai vu et je dis ce que j'ai vu, je pro-
« pose ce que j'ai fait et ce qu'il faudrait faire
« pour le bonheur de mes concitoyens, je n'am-
« bitionne ni des titres ni des honneurs ; la ré-
« compense la plus flatteuse à laquelle je pré-
« tende, c'est de jouir du fruit de mon travail
« dans le bien qu'il aura pu procurer à ma
« patrie ».

Tel fut le langage de Parmentier, pour faire adopter la culture d'une plante long-temps méprisée. Il répéta souvent ses exhortations paternelles, il les reproduisit sous mille formes, pour les inculquer dans tous les esprits, et les populariser dans toutes les provinces. Tantôt, s'adressant aux mères de famille, aux *bonnes ménagères* des campagnes, il leur donne les instructions les plus touchantes, et ne craint point de s'abaisser jusqu'aux plus petits détails du ménage ; d'autres fois, élevant son style pour se faire écouter des grands : « Ne savez-vous pas, leur dit-il, que l'agriculture fait tout à-la-fois la force,
» l'opulence des empires et le bonheur du
» genre humain ? Elle doit-être à vos yeux ce
» qu'elle fut à ceux des hommes les plus cé-
» lèbres : le plus grand, le plus noble de tous

» les arts. Rappelez-vous ces fameux Romains
» qu'on allait chercher à la charrue pour les
» élever à la dictature, et qui descendaient avec
» joie de leur char de triomphe pour reprendre
» leurs occupations agricoles; songez à l'hom-
» mage annuel que l'empereur de la Chine rend
» à cet art. Venez faire valoir vous-mêmes l'hé-
» ritage de vos pères, venez vivifier par vos lar-
» gesses le pays où il existe...... » Plein de ces
idées généreuses, et enhardi par ses premiers
succès, il ose porter ses vœux jusqu'aux pieds du
trône, et croit qu'il serait digne d'un roi de France
de tracer le premier sillon, dans une plaine
jusqu'alors inculte et dont la fécondité inatten-
due doit être bientôt son triomphe. Son vœu ne
fut qu'imparfaitement rempli, mais la protection de Louis XVI n'en fut pas moins éclat-
tante, et son approbation solennelle entraîna
celle de toute la France (18). Un ministre éclairé
fait distribuer dans les provinces les plus éloignées cette nouvelle richesse pour l'agriculture
française; tous les grands propriétaires, tous
les seigneurs de la cour viennent se former à
l'école du nouveau cultivateur: depuis les fron-
tières de la Belgique jusqu'au pied des Pyré-
rénées, nos campagnes sont couvertes de pommes
de terre; nos cités reçoivent avec un étonne-

mêlé de joie cette racine précieuse à laquelle la reconnaissance a donné depuis le nom de *Parmentière* (19); et celui qui avait défendu sa cause avec tant d'ardeur put répéter alors dans l'épanchement de son âme, ces mots qu'il avait prononcés autrefois sur la tombe de son ami : Qu'il est doux de voir fructifier l'ouvrage de ses mains!

C'est ainsi qu'au commencement de cette révolution qui devait renverser tant de fortunes, créer tant d'intérêts nouveaux, et coûter tant de sang et de larmes à la France, avant d'ériger quelques institutions solides sur les débris des vieilles institutions anéanties, Parmentier préparait une révolution plus paisible et peut-être même plus universelle; il changeait entièrement le système d'agriculture, et assurait à la France une abondance éternelle. Voilà par quelles conquêtes les sciences ont coutume de se signaler; les révolutions qu'elles font naître s'opèrent sans trouble et sans danger pour les peuples; les changemens qu'elles éprouvent, par le progrès des siècles et des lumières, ne sont point marqués par des calamités publiques; et les résultats heureux qu'elles produisent réparent souvent les désastres enfantés par les calculs de la politique ou par les caprices de l'ambition.

Cette vérité deviendra plus sensible encore si nous jetons un regard sur les derniers travaux de Parmentier. La France, victorieuse de l'Europe entière, avait fermé tous les ports du continent à une puissance rivale ; celle-ci, protégée par sa politique autant que par l'Océan, lui avait fermé, à son tour, l'empire des mers. Dans cette circonstance critique, il fallait que l'industrie nationale, privée momentanément des ressources que lui fournit le commerce, suppléât, par les productions indigènes, à celles que la navigation nous apporte du nouveau monde. Le sucre, dont l'usage et devenu si général et si nécessaire chez tous les peuples civilisés, fut une de celles dont le besoin se fit plutôt sentir ; on le chercha, on le découvrit dans un grand nombre de plantes cultivées dans nos climats ; et tandis qu'on le retirait avec succès de la betterave sous la même forme que celui des colonies, Parmentier enseigna la manière de l'obtenir, sous forme liquide, en convertissant en sirop les vins sucrés du Midi. Sa méthode, exposée dans un nouvel ouvrage, * fut rapidement propagée par ses élèves et par ses amis ; l'abondance et l'économie remplacèrent

---

* Traité sur l'art de fabriquer les sirops et les conserves de raisin * Paris, 1811 ; troisième édition.

aussitôt la disette; et la France rendit de nouvelles actions de grâces à celui qui ajoutait un nouveau présent à tous ceux qu'il lui avait déjà faits.

Quelle doit donc être la reconnaissance de la patrie pour celui qui l'a garantie pour jamais des horreurs de la famine, et qui a su adoucir, en partie, pour elle, les calamités de la guerre ! Quelle voix oserait s'élever aujourd'hui pour condamner les hommages que nous rendons à sa cendre ? Pendant sa vie, quelques ennemis jaloux mêlèrent à ses jours quelques instans d'amertume; les vérités utiles qu'il découvrit ne manquèrent pas de contradicteurs; mais l'estime et la considération des hommes justes et éclairés, les hommages de ses admirateurs, et les jouissances qu'il sut goûter au sein de l'amitié, pendant sa longue carrière, lui firent oublier sans peine les injustices de ses détracteurs.

Généreux ami de l'humanité ! si ton ombre jette encore quelques regards sur cette patrie dont tu méditas si long-temps le bonheur, la noble ambition de ton cœur doit être enfin satisfaite, à la vue des biens immenses que tes travaux lui ont procurés, et des trésors qui ont si bien fructifié dans son sein. La paix y a ramené l'abondance avec tous les arts; l'agriculture, enrichie de nouvelles moissons, y proclame ton nom avec enthousiasme; l'art de guérir n'a point oublié les services que tu lui rendis ; et tes compatriotes demandent aux lettres un hommage digne de toi. Mais quelle plume sera assez éloquente pour célébrer tes bienfaits ? Tandis que nous traçons ici ton éloge d'une main timide et mal assurée, la reconnaissance t'élève dans le cœur des hommes un monument bien plus glorieux et bien plus durable. Tandis que la main du temps détruira les marbres sur lesquels on a gravé ton image; tandis que ce faible tribut d'admiration restera plongé dans un long oubli, des milliers de citoyens, qui devront leur subsistance à tes découvertes, béniront encore ta mémoire après des milliers d'années. Le cultiteur, en confiant à la terre les trésors qu'elle doit lui rendre avec usure, invoquera le nom de celui qui lui apprit à se garantir des insectes dévorans et des maladies contagieuses; le citadin mêlera ses actions de grâces à celles de l'homme des champs; et, dans les temps difficiles où le fléau de la famine menacera nos provinces de ses ravages, les citoyens de toutes les classes répéteront encore avec transport des hymnes à ta louange, en recueillant ces racines précieuses qui rappelleront d'âge en âge le souvenir de tes bienfaits. Ainsi, ton nom pur et sans tache parviendra sans peine aux générations les plus éloignées; et ta gloire, toujours nouvelle, refleurira, chaque année, comme la plante dont tu sus montrer les avantages et propager la culture avec tant de zèle et de succès.

FIN.

NOTES

DE

L'ÉLOGE DE PARMENTIER.

(1). Parmentier naquit le 17 août 1737, à Montdidier, ville de l'ancienne Picardie, maintenant du département de la Somme; son père avait été un militaire distingué, et sa mère à qui la langue de Cicéron et de Virgile était familière, resta chargée de son éducation. Il commença son apprentissage de pharmacien dans sa ville natale, et vint en 1755, à l'âge de 18 ans, à Paris, chez son parent Simonet qui y exerçait la pharmacie; il resta chez lui jusqu'en 1757, époque de son départ pour l'armée. Ces détails et tous ceux qui ont servi de matériaux à l'auteur de cet éloge, sont extraits de la notice sur *la vie et les ouvrages de Parmentier*, par M. Virey, Paris 1814; et de *l'éloge de Parmentier*, par M. Cadet de Gassicourt, littéralement copié par M. Mutel dans la *vie de Parmentier*.

(2). Pendant cette guerre, il fut fait cinq fois prisonnier, et cinq fois dépouillé par les hussards prussiens. « Ces hus-
« sards, disait-il quelquefois, en se rappelant sa mésaven-
« ture, sont les plus habiles valets de chambre que je con-

« naisse ; ils m'ont déshabillé plus vite que je ne pourrais
« faire moi-même ; du reste, ce sont de fort honnêtes gens:
« ils ne m'ont pris que mes habits et mon argent. » Ce fût
pendant sa captivité, qu'il fit la connaissance de Meyer, pharmacien de Francfort, qui voulut en faire son gendre; Parmentier refusa de renoncer à sa patrie, comme il refusa
dans la suite de remplacer Margraff, auprès du grand Frédéric, qui lui fit offrir la place de ce chimiste, par d'Alembert.

(3) Il reçut un logement à l'Hôtel des Invalides, et bientôt
après, le brevêt d'apothicaire-major, en 1771. Mais les Sœurs,
en possession d'exercer la pharmacie, depuis l'origine de
l'établissement, et d'après les réglemens de Louis XIV, s'opposèrent vivement à cette nomination, refusèrent à Parmentier l'entrée même du laboratoire, et obtinrent enfin qu'on
lui retirerait son brevêt. Cependant le roi Louis XVI daigna
lui conserver le traitement de 1200 livres, qui y était attaché,
ainsi que le logement. *Virey*, p. 3.

(4) « Trop occupé d'objets utiles à tous les hommes, pour
se livrer aux discussions politiques qui agitaient alors la
France, son silence fut pris pour un désaveu des principes
démocratiques, que l'on professait; et, après avoir rendu tant
de services au peuple Français, il fut rejeté par ceux qui
s'en disaient les amis. » *Cadet de Gass*, p. 11.

(5). L'abbé Dicquemare vivait au Hâvre, connu de l'Europe, et inconnu à ses compatriotes qui le regardaient comme
un fou, occupé sans cesse à ramasser des coquillages sur le
bord de la mer : Parmentier, nommé pharmacien en chef
d'une armée dont le quartier-général était dans cette ville,
engage le général qui la commandait, à rendre visite au sa-

vant naturaliste, un jour de parade, suivi de tout son état-major. Depuis cette époque, l'abbé Dicquemare fut respecté comme il méritait de l'être.

(6) « Un jeune homme, devenu suspect au gouvernement, était retenu dans une prison d'état; il profite de sa captivité pour s'occuper d'un objet d'utilité publique, dont Parmentier s'occupait à la même époque; un mémoire bien rédigé parvient à ce dernier qui, loin d'être contrarié par la rivalité, voit avec joie, dans ce travail, le moyen d'obliger l'auteur; Parmentier fait au ministre un rapport très avantageux sur ce mémoire; il fait plus, il obtient l'élargissement du prisonnier; et comme les progrès de l'art étaient son premier but, il lui remet des observations critiques pour l'aider à améliorer son travail. C'est ainsi que ce philanthrope éclairé savait employer son crédit et servir à la fois les hommes utiles, la science et son pays. *Cadet de Gass.* p. 23.

(7) « Une place de pharmacien en chef d'une des armées vint à vaquer; voilà, lui disent les inspecteurs, ses collègues, une belle occasion d'obliger un de vos amis, pour lequel nous avons aussi beaucoup d'estime, nous lui donnons nos voix. —Et moi, messieurs, répond Parmentier, je lui refuse la mienne. Sans doute il a tous les talens nécessaires à cette place; mais elle appartient à M. un tel, qui est un peu plus ancien que lui dans le service; et je connais assez mon ami pour être assuré qu'il applaudira au parti que je prends de consulter plutôt la justice que l'amitié. » (*Cad. de Gass.*)

(8) Ce mémoire, imprimé à Paris en 1780, a été réimprimé, à Strasbourg, en 1799, sous le titre de *Précis d'expériences et d'observations sur les différentes espèces de lait*; 1 vol. in-8.

(9) Mémoire *sur le sang*, pour répondre à cette question :
« Déterminer, d'après les découvertes modernes chimiques, et par des expériences exactes, quelle est la nature des altérations que le sang éprouve dans les maladies inflammatoires, dans les maladies fébriles, putrides, et dans le scorbut; couronné par la Société royale de médecine. Paris, 1791, in-4°.

(10) Quelque subtile que soit l'analyse chimique, il est des principes bien réellement existans qui lui échappent souvent : Quoiqu'on ne rencontre dans le sang des malades aucune altération appréciable, faut-il en conclure que le sang n'est jamais altéré dans ses principes? Parce qu'on trouve dans l'athmosphère des marais les mêmes principes que dans l'air des lieux les plus sains, doit-on en conclure que l'un et l'autre sont parfaitement identiques?

(11) *Dissertation sur la nature des eaux de la Seine*, Paris, 1787. Parmentier établit dans cette dissertation que l'eau de la Seine est incontestablement la meilleure dont on puisse faire usage à Paris.

(12) Beccari distingua le premier, dans la farine de froment, la substance glutineuse et la substance amylacée; il conclut de sa découverte que la première possédait seule la qualité nutritive. Parmentier prouva précisément le contraire dans presque tous ses ouvrages.

(13) « Cette racine, de quelque manière qu'on l'apprête, est toujours dangereuse et fade : on ne pourra jamais la compter au nombre des alimens agréables. » C'est ainsi que les savans parlaient de la pomme-de-terre, dans l'*Encyclopédie* ;

voici comment en parlait le peuple : On allait au scrutin, dans une assemblée populaire, pour une place à laquelle l'estime publique semblait porter notre agronome. Ne la lui donnez pas, s'écrie un orateur de faubourg, il ne nous ferait manger que des pommes-de-terre ; *c'est lui qui les a inventées !* Quel plus bel éloge pouvait-on faire de Parmentier ?

(14) J'ai tâché de présenter ici vivement et en peu de mots, les instructions de Parmentier sur la pomme de terre, répandues dans presque tous ses ouvrages sur cette racine.

(15) Parmentier prévoyait d'avance qu'il serait accusé de donner trop d'importance à la conversion des pommes de terre en pain. On peut voir en effet contre sa fabrication, un ouvrage grotesque intitulé : *Jugement impartial et sério-comique d'un manant cultivateur et bailli de son village, sur le pain de pomme de terre de MM. Parmentier et Cadet*, etc. Berne, 1780. Des objections plus sérieuses ont été faites depuis par M. Proust, et citées dans le *Journal de Pharmacie*, année 1818, p. 355 ; Mais le reproche qu'on fait à Parmentier tombe de lui-même, puisqu'il n'a cessé de dire que ce n'est point sous forme de pain que la pomme de terre doit être employée. « Je ne sais, dit-il, d'où vient la fureur que l'on a de vouloir tout convertir en pain. Cette nourriture qui fait les délices de toute l'Europe, perdra de ses bons effets, si on s'obstine toujours à y introduire des corps étrangers. » *Examen chimique des pommes de terre.*

(16) En 1773, Parmentier n'avait pu communiquer à la pomme de terre la fermentation spiritueuse ; en 1789, il n'y était pas encore parvenu. Il n'en paraissait pas fâché puisqu'il disait : « Cette circonstance, loin d'être défavorable à

« la pomme de terre, ne peut lui être que très avantageuse.
« Il eût été à craindre que le peuple de certaines contrées,
« déjà fort enclin à l'usage des liqueurs fortes, ne changeât
« en poison ce que la nature lui présente comme un aliment
« salubre. » *Dictionnaire d'Agriculture* de l'abbé Rozier; art.
pommes de terre. Cet article est de Parmentier.

(17) Aujourd'hui, non-seulement on parvient sans peine à tirer de l'eau-de-vie des tubercules du *solanum tuberosum*; mais on en a retiré encore de ses baies. M. Formey a proposé un moyen de rectifier ce dernier, dans le *Journal de Pharmacie*, année 1818, p. 168. M. Dubuc, à Rouen, a démontré que les cendres de la plante entière fournissaient une grande quantité de potasse. *ibid.* p. 170. M. Fouques a tiré de son eau de végétation une couleur grise très-tenace. *ibid.* p. 382. Un chimiste de Copenhague a tiré de sa fleur une couleur jaune très-belle. *Ibid.* p. 477. Enfin, il n'est pas d'année où l'on ne découvre quelque nouvel usage de cette plante.

(18). Parmentier demanda la plaine des Sablons, jusqu'à-lors inculte, pour y cultiver la pomme de terre. Ce terrein lui fut accordé; mais il ne put obtenir que Louis XVI y traçât le premier sillon. Ce prince accorda néanmoins toute sa protection à la nouvelle culture; il parut, le jour d'une fête solennelle, devant toute sa cour, portant à sa boutonnière un bouquet de fleurs de pomme de terre, et dès ce moment la vogue du nouveau cultivateur fut assurée.

(19) C'est M. le comte François de Neufchateau qui a ainsi popularisé le nom de son ami. « J'ai eu, dit-il, le « bonheur d'attacher son nom à la *solanée Parmentière*. » Lettre à MM. les membres de la Société d'Agriculture, 30 décembre 1813.

FIN.